Journal de Gratitude

DATE: L M M J V S D   ___/___/____

COMMENT JE ME SENS AUJOURD'HUI:

CE QUE J'AI AIMÉ AUJOURD'HUI:

....

....

....

....

....

....

....

BONNE ACTION DU JOUR:

....

....

....

....

....

....

....

MA PERSONNE PRÉFÉRÉE AUJOURD'HUI:

JE DESSINE CE QUE JE RESSENS

CITATION DU JOUR

"Cela semble toujours impossible, jusqu'à ce qu'on le fasse."

- Nelson Mandela

DATE: L M M J V S D ___/___/___

COMMENT JE ME SENS AUJOURD'HUI:

CE QUE J'AI AIMÉ AUJOURD'HUI:

....

....

....

....

....

....

....

BONNE ACTION DU JOUR:

....

....

....

....

....

....

....

MA PERSONNE PRÉFÉRÉE AUJOURD'HUI:

JE DESSINE CE QUE JE RESSENS

CITATION DU JOUR

"Je n'aime pas étudier. Je déteste étudier. J'aime apprendre, apprendre est magnifique."

- Natalie Portman

DATE: L M M J V S D   __ / __ / ___

COMMENT JE ME SENS AUJOURD'HUI:

CE QUE J'AI AIMÉ AUJOURD'HUI:

BONNE ACTION DU JOUR:

MA PERSONNE PRÉFÉRÉE AUJOURD'HUI:

JE DESSINE CE QUE JE RESSENS

CITATION DU JOUR

"Ne jamais permettre que le peur de l'échec devienne un obstacle."

- Babe Ruth

DATE:　　　L M M J V S D 　__/__/___

COMMENT JE ME SENS AUJOURD'HUI:

CE QUE J'AI AIMÉ AUJOURD'HUI:

....

....

....

....

....

....

....

BONNE ACTION DU JOUR:

....

....

....

....

....

....

....

MA PERSONNE PRÉFÉRÉE AUJOURD'HUI:

JE DESSINE CE QUE JE RESSENS

CITATION DU JOUR

"Je n'ai pas échoué. J'ai juste trouvé 10 000 moyens qui ne fonctionnent pas."

- Thomas Alva Edison

DATE:　　　L M M J V S D　___ / ___ / ____

COMMENT JE ME SENS AUJOURD'HUI:

CE QUE J'AI AIMÉ
AUJOURD'HUI:

....

....

....

....

....

....

....

BONNE ACTION
DU JOUR:

....

....

....

....

....

....

MA PERSONNE PRÉFÉRÉE AUJOURD'HUI:

JE DESSINE CE QUE JE RESSENS

CITATION DU JOUR

"Il est possible que les gens ordinaires choisissent
d'être extraordinaires."

- Elon Musk

DATE: L M M J V S D   __ / __ / ___

COMMENT JE ME SENS AUJOURD'HUI:

CE QUE J'AI AIMÉ AUJOURD'HUI:

BONNE ACTION DU JOUR:

MA PERSONNE PRÉFÉRÉE AUJOURD'HUI:

JE DESSINE CE QUE JE RESSENS

CITATION DU JOUR

" La capacité d'apprendre est un don, la faculté
d'apprendre est un compétence, la volonté d'apprendre
est un choix" - Brian Herbert

DATE: L M M J V S D __ / __ / ___

COMMENT JE ME SENS AUJOURD'HUI:

CE QUE J'AI AIMÉ AUJOURD'HUI:

BONNE ACTION DU JOUR:

MA PERSONNE PRÉFÉRÉE AUJOURD'HUI:

JE DESSINE CE QUE JE RESSENS

DATE: L M M J V S D   __ / __ / ___

COMMENT JE ME SENS AUJOURD'HUI:

CE QUE J'AI AIMÉ AUJOURD'HUI:

....

....

....

....

....

....

....

BONNE ACTION DU JOUR:

....

....

....

....

....

....

....

MA PERSONNE PRÉFÉRÉE AUJOURD'HUI:

JE DESSINE CE QUE JE RESSENS

CITATION DU JOUR

"Vous n'aurez jamais une journée complètement mauvaise si vous faites preuve de gentillesse au moins une fois." - Greg Henry Quinn

DATE: L M M J V S D __ / __ / ___

COMMENT JE ME SENS AUJOURD'HUI:

CE QUE J'AI AIMÉ AUJOURD'HUI:

....

....

....

....

....

....

....

BONNE ACTION DU JOUR:

....

....

....

....

....

....

MA PERSONNE PRÉFÉRÉE AUJOURD'HUI:

JE DESSINE CE QUE JE RESSENS

CITATION DU JOUR

"Pourquoi t'adapter quand tu es né pour te démarquer?"

- Dr. Seuss

DATE: L M M J V S D   __ / __ / ___

COMMENT JE ME SENS AUJOURD'HUI:

CE QUE J'AI AIMÉ AUJOURD'HUI:

....

....

....

....

....

....

....

BONNE ACTION DU JOUR:

....

....

....

....

....

....

MA PERSONNE PRÉFÉRÉE AUJOURD'HUI:

JE DESSINE CE QUE JE RESSENS

CITATION DU JOUR

"La lecture est à l'esprit ce que l'exercice est au corps."

- Joseph Addison

DATE: L M M J V S D __ / __ / ___

COMMENT JE ME SENS AUJOURD'HUI:

CE QUE J'AI AIMÉ
AUJOURD'HUI:

BONNE ACTION
DU JOUR:

MA PERSONNE PRÉFÉRÉE AUJOURD'HUI:

JE DESSINE CE QUE JE RESSENS

CITATION DU JOUR

"Allez avec confiance dans la direction de vos rêves.
Vivez la vie que vous avez imaginée."

- Henry David Thoreau

DATE: L M M J V S D   __ / __ / ___

COMMENT JE ME SENS AUJOURD'HUI:

CE QUE J'AI AIMÉ AUJOURD'HUI:

....

....

....

....

....

....

....

BONNE ACTION DU JOUR:

....

....

....

....

....

....

MA PERSONNE PRÉFÉRÉE AUJOURD'HUI:

JE DESSINE CE QUE JE RESSENS

CITATION DU JOUR

"Les enfants qui demandent POURQUOI seront ceux qui changeront le monde."

- Neal Thompson

DATE: L M M J V S D __/__/___

COMMENT JE ME SENS AUJOURD'HUI:

CE QUE J'AI AIMÉ AUJOURD'HUI:

BONNE ACTION DU JOUR:

MA PERSONNE PRÉFÉRÉE AUJOURD'HUI:

JE DESSINE CE QUE JE RESSENS

CITATION DU JOUR

"Vous ratez 100% des tirs que vous ne tentez pas."

- Wayne Gretzky

DATE: L M M J V S D   __ / __ / ___

COMMENT JE ME SENS AUJOURD'HUI:

CE QUE J'AI AIMÉ AUJOURD'HUI:

....

....

....

....

....

....

....

BONNE ACTION DU JOUR:

....

....

....

....

....

....

....

MA PERSONNE PRÉFÉRÉE AUJOURD'HUI:

JE DESSINE CE QUE JE RESSENS

CITATION DU JOUR

"Le secret pour avancer est de commencer."

- Mark Twain

DATE: L M M J V S D   __ / __ / ___

COMMENT JE ME SENS AUJOURD'HUI:

CE QUE J'AI AIMÉ AUJOURD'HUI:

BONNE ACTION DU JOUR:

MA PERSONNE PRÉFÉRÉE AUJOURD'HUI:

JE DESSINE CE QUE JE RESSENS

CITATION DU JOUR

"La capacité peut vous permettre d'atteindre le sommet, mais il faut du caractère pour y parvenir."

- John Wooden

DATE: L M M J V S D   __ / __ / ___

COMMENT JE ME SENS AUJOURD'HUI:

CE QUE J'AI AIMÉ AUJOURD'HUI:

....

....

....

....

....

....

....

BONNE ACTION DU JOUR:

....

....

....

....

....

....

MA PERSONNE PRÉFÉRÉE AUJOURD'HUI:

JE DESSINE CE QUE JE RESSENS

CITATION DU JOUR

"Vous pouvez, vous devriez, et si vous êtes assez courageus pour commencer, vous réussirez."

- Stephen King

DATE: L M M J V S D __ / __ / ___

COMMENT JE ME SENS AUJOURD'HUI:

CE QUE J'AI AIMÉ AUJOURD'HUI:

BONNE ACTION DU JOUR:

MA PERSONNE PRÉFÉRÉE AUJOURD'HUI:

JE DESSINE CE QUE JE RESSENS

CITATION DU JOUR

"Gardez toujours un état d'esprit positif, cela améliorera votre vision du monde."

- Roald Dahl

DATE: L M M J V S D __ / __ / __

COMMENT JE ME SENS AUJOURD'HUI:

CE QUE J'AI AIMÉ
AUJOURD'HUI:

....

....

....

....

....

....

....

BONNE ACTION
DU JOUR:

....

....

....

....

....

....

....

MA PERSONNE PRÉFÉRÉE AUJOURD'HUI:

JE DESSINE CE QUE JE RESSENS

CITATION DU JOUR

"Vous êtes plus courageux que vous ne le croyez, plus
fort que vous ne le pensez, et plus intelligent que vous
ne le pensez." - A A Milne

DATE:　　　　L M M J V S D 　＿／＿／＿

COMMENT JE ME SENS AUJOURD'HUI:

CE QUE J'AI AIMÉ AUJOURD'HUI:

BONNE ACTION DU JOUR:

MA PERSONNE PRÉFÉRÉE AUJOURD'HUI:

JE DESSINE CE QUE JE RESSENS

CITATION DU JOUR

"Hier est de l'histoire. Demain est un mystère.
Aujourd'hui est un cadeau. C'est pourquoi nous
l'appelons "le cadeau"." - Eleanor Roosevelt

DATE: L M M J V S D   __ / __ / ___

COMMENT JE ME SENS AUJOURD'HUI:

CE QUE J'AI AIMÉ AUJOURD'HUI:

....

....

....

....

....

....

....

BONNE ACTION DU JOUR:

....

....

....

....

....

....

MA PERSONNE PRÉFÉRÉE AUJOURD'HUI:

JE DESSINE CE QUE JE RESSENS

CITATION DU JOUR

"Soyez gentils avec les gens désobligeants. Ils en ont le plus besoin."

- Ashleigh Brilliant

DATE: L M M J V S D   __ / __ / ___

COMMENT JE ME SENS AUJOURD'HUI:

CE QUE J'AI AIMÉ AUJOURD'HUI:

BONNE ACTION DU JOUR:

MA PERSONNE PRÉFÉRÉE AUJOURD'HUI:

JE DESSINE CE QUE JE RESSENS

CITATION DU JOUR

"Ne pleure pas parce que c'est fini. Souris parce que c'est arrivé."

- Dr. Seuss

DATE: L   M   M   J   V   S   D   __ / __ / ____

COMMENT JE ME SENS AUJOURD'HUI:

CE QUE J'AI AIMÉ AUJOURD'HUI:

....

....

....

....

....

....

....

BONNE ACTION DU JOUR:

....

....

....

....

....

....

MA PERSONNE PRÉFÉRÉE AUJOURD'HUI:

JE DESSINE CE QUE JE RESSENS

CITATION DU JOUR

"La conduite sociale est u miroir dans lequel chacun
montre son image."

- Johann Wolfgang Von Goethe

DATE: L M M J V S D __ / __ / ____

COMMENT JE ME SENS AUJOURD'HUI:

CE QUE J'AI AIMÉ AUJOURD'HUI:

BONNE ACTION DU JOUR:

MA PERSONNE PRÉFÉRÉE AUJOURD'HUI:

JE DESSINE CE QUE JE RESSENS

CITATION DU JOUR

"La pratique n'est pas la chose que l'on fait une fois qu'on est bon. C'est la chose que vous faites qui vous rend bon." - Malcolm Gladwell

DATE: L M M J V S D   __ / __ / ___

COMMENT JE ME SENS AUJOURD'HUI:

CE QUE J'AI AIMÉ
AUJOURD'HUI:

BONNE ACTION
DU JOUR:

MA PERSONNE PRÉFÉRÉE AUJOURD'HUI:

JE DESSINE CE QUE JE RESSENS

CITATION DU JOUR

"Si vous pouvez le rêver, vous pouvez le faire."

- Walt Disney

DATE: L M M J V S D   __ / __ / ___

COMMENT JE ME SENS AUJOURD'HUI:

CE QUE J'AI AIMÉ AUJOURD'HUI:

....

....

....

....

....

....

....

BONNE ACTION DU JOUR:

....

....

....

....

....

....

MA PERSONNE PRÉFÉRÉE AUJOURD'HUI:

JE DESSINE CE QUE JE RESSENS

CITATION DU JOUR

"Soyez gentils autant que possible. C'est toujours possible."

- Dalai Lama

DATE: L M M J V S D   __ / __ / ___

COMMENT JE ME SENS AUJOURD'HUI:

CE QUE J'AI AIMÉ
AUJOURD'HUI:

....

....

....

....

....

....

....

BONNE ACTION
DU JOUR:

....

....

....

....

....

....

....

MA PERSONNE PRÉFÉRÉE AUJOURD'HUI:

JE DESSINE CE QUE JE RESSENS

CITATION DU JOUR

"Changez le monde en étant vous-même."

- Amy Poehler

DATE: L M M J V S D __/__/___

COMMENT JE ME SENS AUJOURD'HUI:

CE QUE J'AI AIMÉ AUJOURD'HUI:

BONNE ACTION DU JOUR:

MA PERSONNE PRÉFÉRÉE AUJOURD'HUI:

JE DESSINE CE QUE JE RESSENS

CITATION DU JOUR

"Soyez idiots, soyez honnêtes, soyez gentils."

- Ralph Waldo Emerson

DATE:　　　L M M J V S D 　__ / __ / ___

COMMENT JE ME SENS AUJOURD'HUI:

CE QUE J'AI AIMÉ
AUJOURD'HUI:

BONNE ACTION
DU JOUR:

MA PERSONNE PRÉFÉRÉE AUJOURD'HUI:

JE DESSINE CE QUE JE RESSENS

CITATION DU JOUR

"Ne pas se préparer, c'est se préparer à l'échec."

- Wayne Gretzky

DATE:　　　L M M J V S D　　___/___/___

COMMENT JE ME SENS AUJOURD'HUI:

CE QUE J'AI AIMÉ
AUJOURD'HUI:

BONNE ACTION
DU JOUR:

MA PERSONNE PRÉFÉRÉE AUJOURD'HUI:

JE DESSINE CE QUE JE RESSENS

CITATION DU JOUR

"Quand une porte de bonheur se ferme, une autre
s'ouvre."

- Helen Keller

DATE: L M M J V S D   __ / __ / ___

COMMENT JE ME SENS AUJOURD'HUI:

CE QUE J'AI AIMÉ AUJOURD'HUI:

....

....

....

....

....

....

BONNE ACTION DU JOUR:

....

....

....

....

....

....

MA PERSONNE PRÉFÉRÉE AUJOURD'HUI:

JE DESSINE CE QUE JE RESSENS

CITATION DU JOUR

"En disant toute la verité, la mémoire ne serait
d'aucune utilité."

- Mark Twain

DATE: L M M J V S D   __ / __ / ___

COMMENT JE ME SENS AUJOURD'HUI:

CE QUE J'AI AIMÉ AUJOURD'HUI:

BONNE ACTION DU JOUR:

MA PERSONNE PRÉFÉRÉE AUJOURD'HUI:

JE DESSINE CE QUE JE RESSENS

CITATION DU JOUR

"Il faut beaucoup de bravoure pour faire face à ses ennemis, mais il n'en faut pas moins pour affronter ses amis." - J.K. Rowling

DATE: L M M J V S D   __ / __ / ____

COMMENT JE ME SENS AUJOURD'HUI:

CE QUE J'AI AIMÉ AUJOURD'HUI:

BONNE ACTION DU JOUR:

MA PERSONNE PRÉFÉRÉE AUJOURD'HUI:

JE DESSINE CE QUE JE RESSENS

CITATION DU JOUR

"Ce n'est pas parce que quelque chose fait peur que
vous ne devez pas le faire. La peur n'est pas synonyme
de danger." - Amy Morin

DATE: L M M J V S D   __ / __ / ___

COMMENT JE ME SENS AUJOURD'HUI:

CE QUE J'AI AIMÉ
AUJOURD'HUI:

BONNE ACTION
DU JOUR:

MA PERSONNE PRÉFÉRÉE AUJOURD'HUI:

JE DESSINE CE QUE JE RESSENS

CITATION DU JOUR

"La gentillesse est le langage que les sourds entendent
et que les aveugles voient."

- Mark Twain

DATE: L M M J V S D   __/__/___

COMMENT JE ME SENS AUJOURD'HUI:

CE QUE J'AI AIMÉ AUJOURD'HUI:

BONNE ACTION DU JOUR:

MA PERSONNE PRÉFÉRÉE AUJOURD'HUI:

JE DESSINE CE QUE JE RESSENS

CITATION DU JOUR

"On peut trouver le bonheur, même dans les moments les plus sombres, si l'on se souvient seulement d'allumer la lumière." - J.K. Rowling

DATE: L M M J V S D   __ / __ / ___

COMMENT JE ME SENS AUJOURD'HUI:

CE QUE J'AI AIMÉ AUJOURD'HUI:

BONNE ACTION DU JOUR:

MA PERSONNE PRÉFÉRÉE AUJOURD'HUI:

JE DESSINE CE QUE JE RESSENS

CITATION DU JOUR

"Plus difficile est la victoire, plus grande est la joie de gagner."

- Pele

DATE: L M M J V S D __ / __ / ___

COMMENT JE ME SENS AUJOURD'HUI:

CE QUE J'AI AIMÉ AUJOURD'HUI:

BONNE ACTION DU JOUR:

MA PERSONNE PRÉFÉRÉE AUJOURD'HUI:

JE DESSINE CE QUE JE RESSENS

CITATION DU JOUR

"La volonté de gagner est importante, mais la volonté
de se préparer est vital."

- Joe Paterno

DATE: L M M J V S D   __ / __ / ___

COMMENT JE ME SENS AUJOURD'HUI:

CE QUE J'AI AIMÉ AUJOURD'HUI:

BONNE ACTION DU JOUR:

MA PERSONNE PRÉFÉRÉE AUJOURD'HUI:

JE DESSINE CE QUE JE RESSENS

CITATION DU JOUR

"Vous êtes toujours responsable de la façon dont vous agissez, peu importe ce que vous ressentez. "

- Robert Tew

DATE: L M M J V S D   __ / __ / ___

COMMENT JE ME SENS AUJOURD'HUI:

CE QUE J'AI AIMÉ AUJOURD'HUI:

....

....

....

....

....

....

....

BONNE ACTION DU JOUR:

....

....

....

....

....

....

....

MA PERSONNE PRÉFÉRÉE AUJOURD'HUI:

JE DESSINE CE QUE JE RESSENS

CITATION DU JOUR

"Je garde mon cœur et mon âme et mon esprit ouverts aux miracles"

- Patrick Swayze

DATE: L M M J V S D __ / __ / ___

COMMENT JE ME SENS AUJOURD'HUI:

CE QUE J'AI AIMÉ
AUJOURD'HUI:

BONNE ACTION
DU JOUR:

MA PERSONNE PRÉFÉRÉE AUJOURD'HUI:

JE DESSINE CE QUE JE RESSENS

CITATION DU JOUR

"Si vous voulez changer les attitudes, commencez par un changement de comportement."

- William Glasser

Printed in Great Britain
by Amazon

27904902R00046

Ce journal appartient à

_____

_____

ISBN: 9798569383771